BEI GRIN MACHT SICH IHR WISSEN BEZAHLT

- Wir veröffentlichen Ihre Hausarbeit,
  Bachelor- und Masterarbeit

- Ihr eigenes eBook und Buch -
  weltweit in allen wichtigen Shops

- Verdienen Sie an jedem Verkauf

Jetzt bei www.GRIN.com hochladen und kostenlos publizieren

Kira Knechtel

Konsumverhalten von Familien

Zielgruppenspezifische Betrachtung des Konsumverhaltens

GRIN Verlag

Bibliografische Information der Deutschen Nationalbibliothek:

Die Deutsche Bibliothek verzeichnet diese Publikation in der Deutschen National-
bibliografie; detaillierte bibliografische Daten sind im Internet über http://dnb.d-
nb.de/ abrufbar.

Impressum:

Copyright © 2010 GRIN Verlag GmbH
Druck und Bindung: Books on Demand GmbH, Norderstedt Germany
ISBN: 978-3-656-50153-4

Dieses Buch bei GRIN:

http://www.grin.com/de/e-book/233044/konsumverhalten-von-familien

GRIN - Your knowledge has value

Der GRIN Verlag publiziert seit 1998 wissenschaftliche Arbeiten von Studenten, Hochschullehrern und anderen Akademikern als eBook und gedrucktes Buch. Die Verlagswebsite www.grin.com ist die ideale Plattform zur Veröffentlichung von Hausarbeiten, Abschlussarbeiten, wissenschaftlichen Aufsätzen, Dissertationen und Fachbüchern.

Besuchen Sie uns im Internet:

http://www.grin.com/

http://www.facebook.com/grincom

http://www.twitter.com/grin_com

Justus – Liebig – Universität Gießen

Fachbereich 09
Agrarwissenschaften, Ökotrophologie und Umweltmanagement

Institut für Wirtschaftslehre des Haushalts und Verbrauchsforschung

**BP 20 Konsummuster privater Lebensformen
Sommersemester 2010**

Hausarbeit

09.06.2010

Zielgruppenspezifische Betrachtung des Konsumverhaltens
Konsumverhalten von Familien

Ausarbeitung
Kira - Amelie Knechtel

Inhaltsverzeichnis   Seite

II

1 Einführung

Wie in anderen Industriestaaten, so herrscht auch in Deutschland eine Konsumgesellschaft. Während Gegenstand der Konsumforschung das Konsumverhalten verschiedener Gruppen ist, um Marketingstrategien auszunutzen, so versuchen Soziologen und Sozialpädagogen, die Interaktionen der Familienmitglieder zu erklären (Meyer, Bohr 1988, S. 120 f.). Dazu gibt es zahlreiche Studien, in denen die Einflussverteilung zwischen den Partnern herausgefunden werden soll.

Ziel dieser Hausarbeit ist es, eine Übersicht über das Konsumverhalten von Familien zu geben und die Vernetztheit des Kaufentscheidungsprozesses aufzuzeigen.

Zunächst erfolgt die Begriffsklärung von Konsum und Familie. Danach werden die Determinanten des Konsumverhaltens, welche den Hauptteil bilden, geschildert. Hierbei findet die Erörterung der demographischen Merkmale der Akteure statt. Weiterhin wird der Entscheidungskontext dargestellt und anschließend die Interessen, Sachkenntnisse und Erfahrungen der Familienmitglieder betrachtet. Nach der Bedeutung der Einflussfaktoren wird im weiteren Verlauf auf die verschiedenen Forschungsansätze eingegangen und im Schlussteil ein Fazit gezogen.

2 Definitionen

Um sich mit dem Konsumverhalten von Familien auseinandersetzen zu können, sind zunächst die mehrdimensionalen oder besser gesagt die vielschichtigen Begriffe „Familie" und „Konsum" zu klären.

2.1 Familienbegriff

Wenn das Wort „Familie" fällt, hat vermutlich jeder eine gewisse Vorstellung, was sich hinter diesem Begriff verbirgt. Um keine falschen Assoziationen hervorzurufen, wird hier in erster Linie von der klassischen Kernfamilie ausgegangen, da nachfolgend die Rede von Partnern, engen Beziehungen und Paaren ist. Allerdings lassen sich die Ausführungen ebenso auf erweiterte Familiensysteme übertragen (Meyer, Bohr 1988, S. 120). Hierbei findet der traditionelle Familienbegriff, dies ist die „Vater-Mutter-Kind-Familie", Anwendung. Aus den zugrundeliegenden Quellen geht jedoch nicht hervor, ob der Mann auch der Vater ist und ob mindestens ein Kind in einer Familien leben muss, um von Familie zu sprechen. Ebenso fehlen Angaben zum Alter der Kinder. Demnach liegt nicht der kindzentrierte Familienbegriff dieser Ausarbeitung zugrunde.

2.2 Konsumbegriff

Ebenso wie der Familienbegriff ist auch der Konsumbegriff Auslegungssache. Hier ist jedoch nicht der Konsumbegriff der Marktforschung im Focus, welcher sich primär mit den Trends des Konsums und den Marketingentscheidungen beschäftigt, sondern vielmehr der ökonomische, soziologische und haushaltswissenschaftliche Konsumbegriff. In dieser Ausarbeitung wird der Konsumbegriff der verschiedenen Disziplinen berücksichtigt. Unter Anderem die Bedürfnisbefriedigung der einzelnen Familienmitglieder, das soziale Handeln innerhalb der Gemeinschaft und natürlich auch die Handlungsspielräume, die durch die gegebenen Ressourcen beeinflusst werden.

3 Determinanten des Konsumverhaltens

Bevor konsumiert werden kann, müssen Entscheidungen getroffen werden. Im Folgenden wird auf die Einflussfaktoren des Kaufentscheidungsprozesses eingegangen, denn ein klares Muster zum Konsumverhalten von Familien gibt es nicht. Im Alltagsgeschehen determinieren viele Faktoren den Handlungsprozess. Teilweise wird ein Einkauf geplant und auch nach Plan, z.B. Einkaufszettel, durchgeführt. Teilweise werden aber auch beschlossene Sachen reformiert. Man kann also bei der Verhaltensanalyse einer Familie nicht nach dem klassischen Modell des Homo Oeconomicus gehen, da dieser uneingeschränkt egoistisch und rational handelt und bei diesem Modell psychische und soziale Faktoren nicht berücksichtigt werden (Kirchler, Walenta, Hölzl 2007, S. 186). Um zu zeigen, wie subjektiv und partnerschaftlich dieser Geschehniskomplex abläuft, werden im Folgenden die Determinanten des Konsumverhaltens dargestellt.

3.1 Demographie der Akteure

3.1.1 Alter und Geschlecht

Mit zunehmendem Alter gewinnen Kinder und Jugendliche an Einfluss. Demzufolge haben ältere Kinder generell mehr Mitspracherecht und auch mehr Einfluss, in Bereichen, die nicht deren Angelegenheiten betreffen (Kirchler, Walenta, Hölzl 2007, S. 196). Durch den Kontakt mit Massenmedien entstehen bei Kindern Markenkenntnisse. Bei der Anregungsphase von Kaufentscheidungsprozessen kommt ihnen daher eine große Bedeutung zu. Ebenfalls beeinflussen Kinder das zukünftige Kaufverhalten der Eltern, indem sie den Konsum eines Produktes verweigern (Meyer, Bohr 1988, S. 131). Ebenso ist gut vorstellbar, dass Eltern den Interessen der Kinder nachgeben, um einen potentiellen Konflikt zu vermeiden.

Untersuchungen haben ergeben, dass der Einflussbereich des Mannes stärker ist, wenn es sich um Produkte außerhalb des Haushaltes oder um technische Gegenstände handelt.

2

Frauen hingegen dominieren eindeutig bei Entscheidungen die Güter betreffen, die im Haus benutzt werden, genauso wie sie die Ästhetik bestimmen. Weiterhin zeigte sich, dass bei Entscheidungsinhalten, die die gemeinsame Freizeit betreffen, wie z.b. Urlaub, den Kindern und Jugendlichen mehr Mitspracherecht eingeräumt wird (Meyer , Bohr 1988 , S. 128 ff .). Allerdings ist der direkte Einfluss von Kindern allgemein nicht sehr hoch. Betrachtet man aber den Einfluss der Kinder als Koalitionspartner, so ist die Abweichung beträchtlich. In 80% der Fälle nutzen Frauen und in 90% der Mann diese Taktik (Kirchler, Walenta, Hölzl 2007, S. 197).

3.1.2 Anzahl der Familienmitglieder

Je mehr Personen in einem Haushalt leben desto schwieriger wird die Entscheidungsfindung, da alle Beteiligten ihre Interessen vertreten (Kirchler, Walenta, Hölzl 2007, S. 181). Demnach sind Gemeinsamkeiten in Kaufentscheidungsprozessen eher selten (Meyer, Bohr 1988, S. 130). Dagegen werden Kinder häufiger in Entscheidungen mit einbezogen, wenn sie in einer Haushaltstruktur leben, in der es nur ein Elternteil gibt (Kirchler, Walenta, Hölzl 2007, S. 196).

In der Familie müssen die unterschiedlichen Haltungen, Motive und Einstellungen der Mitglieder zu einem einheitlichen Konsumverhalten führen, anderenfalls ist ein Kompromiss oder ein Kauf, mit dem alle zufrieden sind, eher unwahrscheinlich (Meyer, Bohr 1988, S. 122).

3.1.3 Sozialer Status, Einkommen und Kulturkreis

Auch der soziale Status und das Einkommen der Familie sind entscheidend. Je nachdem über welche Ressourcen die Familie verfügt und welches Familienmitglied den höchsten Beitrag zum Gesamtbudget beisteuert, variiert der Dominanzbereich.

Sowohl Familien aus der Unterschicht als auch aus der Oberschicht treffen die Entscheidungen meist autonom. Begründet wird dies damit, dass die Oberschichten einen größeren Konsumspielraum haben. Mittelschichten bevorzugen eher partnerschaftliche Entscheidungsfindungen und legen die traditionelle Wertehaltung zugunsten moderner Haltungen ab. Weiterhin ist zu verzeichnen, dass Kindern aus Familien mit niedrigem sozio-ökonomischen Status ein größeres Mitspracherecht zugebilligt bekommen, als die in hohen sozialen Schichten (Meyer, Bohr 1988, S. 133).

Kaynak und Kucukemiroglu (2001) machen darauf aufmerksam, dass nicht nur der soziale Status eine Determinante darstellt, sondern auch der Kulturkreis. So entscheiden Männer in der Türkei eher nach traditionellen Werthaltungen autonom z.B. über einen Autokauf (Kirchler, Walenta, Hölzl 2007, S. 194).

3.1.4 Beziehungen

Das emotionale Verhältnis untereinander und auch das Klima in der Familie beeinflussen Konfliktsituationen. Bei harmonischen Beziehungen sind die Familienmitglieder bereit, ihre eigenen Interessen zugunsten der Partner zu vernachlässigen. Enge Beziehungen zeichnen sich durch Liebe, Gemeinsamkeiten, emotionale Abhängigkeiten, gegenseitigem Austausch, Macht aber auch Fairness aus. In den meisten Fällen versuchen sie durch vertrauensvolle und regelgeleitete Zusammenarbeit gemeinsame oder individuelle Ziele zu erreichen. Um einen gewünschten Endzustand herzustellen, bedarf es der Beschaffung von Ressourcen, wie Geld aber auch Dienstleistungen. Dabei können Teilziele Hilfsbereitschaft, Unterstützung aber auch Zuwendung sein. Demzufolge ist in harmonischen Beziehungen die Übereinstimmung von Präferenzen weitaus höher und somit das Konfliktrisiko deutlich geringer (Kirchler, Walenta, Hölzl 2007, S. 182 ff.).

Aus diesem Grund ist es notwendig, dass Beziehungsmerkmale und auch Gefühle bei der Analyse von Konsumverhalten nicht außer Acht gelassen werden dürfen, da sie im besonderen emotionalen Kontext mit Entscheidungen der Partner stehen (Kirchler, Walenta, Hölzl 2007, S. 183).

3.2 Entscheidungskontext

Prinzipiell wird von finanziellen bzw. ökonomischen und nicht-finanziellen Entscheidungen gesprochen. Bei finanziellen Entscheidungen geht es um Geldmanagement, wie z.B. Budgetierung des verfügbaren Geldes, Sparentscheidungen, Vermögen und Anlagemanagement und Ausgaben. Diese betreffen sowohl materielle Güter, wie z.B. ein Autokauf, als auch immaterielle Güter, wie z.B. Taxifahrten. Am konfliktträchtigsten sind dabei Geldangelegenheiten. In 88% der Fälle war dies ein Grund für eine Auseinandersetzung. Die nicht-finanziellen Entscheidungen betreffen Angelegenheiten, wie Freizeitaktivitäten, Beziehungen zwischen den Partnern, Hausarbeit und Bedürfnisse der Kinder.

Wenn es um ökonomische Überlegungen geht, hängt der Entscheidungskontext von Faktoren, wie Kaufart und Güterkategorie ab. Kotler (1982) beachtet neben der Nutzungsdauer auch die Kaufgewohnheiten der Konsumenten und teilt die Güter in 3 Kategorien ein. Er unterscheidet hierbei Dienstleistungen und Verbrauchsgüter bzw. Güter des täglichen Bedarfs. Dies sind in der Regel Güter, die häufig gekauft und kurzfristig konsumiert werden, wie z.B. Lebensmittel. Gebrauchsgüter oder auch Güter des gehobenen Bedarfs, wie beispielsweise ein Auto, können zwar häufiger verwendet werden, aber da sie teuer sind, werden sie auch seltener gekauft. Bei Verbrauchsgütern läuft die Kaufentscheidung meist verkürzt und psychisch automatisiert, also „routinemäßig", ab. Bei Gütern, die selten benötigt werden und solchen, die relativ teuer sind, ist der Entscheidungsprozess meist langwierig. Im Gegensatz dazu wird bei preiswerten Gütern oft weniger gründlich überlegt. Außerdem sind bei teuren

Gütern eher alle Beteiligten involviert, vor allem wenn diese einen hohen Zusatznutzen besitzen, wie z.B. Bedeutung für das Ansehen der Familie. Im Wesentlichen hängt der Einfluss der Kinder von der Produktkategorie ab. Das Kleinkinder nicht bei Entscheidungen über Fernsehgeräte mitreden und Teenager weniger Interesse an einer Kaufentscheidung von Waschmaschinen zeigen, dürfte verständlich sein.

Ebenso, wie die Güterkategorie, ist die Kaufart von Bedeutung, also ob es sich um Gewohnheitskäufe oder Impulskäufe handelt. Bei habitualisierten Käufen ist die Überlegungsdauer weitaus geringer als bei Nichtgewohnheitskäufen. Im Gegensatz dazu werden bei Impulskäufen die Familienmitglieder nicht einbezogen (Kirchler, Walenta, Hölzl 2007, S. 180 ff.).

3.3 Interessen, Sachkenntnisse und Erfahrung

Der Partner, der großes Interesse an dem Entscheidungsobjekt hat, ist bestrebt, Informationen über das Gut selbst und Kaufalternativen zu sammeln, um später sachlicher argumentieren zu können. Je mehr die Person ein Verlangen nach der Bedürfnisbefriedigung hat, desto mehr steigt auch das Engagement. Neben dem relativen Interesse zählt auch die Kompetenz über den Sachverhalt. In Studien über den Einfluss der Personen wird häufig auf die Sachkenntnis und den daraus resultierenden Argumentationsfluss hingewiesen. Wer über mehr Informationen verfügt, kann überzeugender argumentieren und somit seine Meinung besser durchsetzen (Kirchler, Walenta, Hölzl 2007, S. 201 f.).

Erfahrungsgemäß wird nicht nur ein bestimmtes Budget für Güterkategorien festgelegt, sondern es spielen auch vergangene Entscheidungsprozesse eine Rolle für zukünftige Entscheidungsergebnisse, da sich Partner durch Entgegenkommen in aktuellen Konflikten Verhandlungsvorteile versprechen. Die Bedeutung des Einflusses in der Vergangenheit bezeichnen Corfman und Lehmann als „ungeschriebenes Gesetz nach Ausgleich".

Hatte ein Partner im letzten vergangenen Konflikt geringeren Einfluss gehabt, besteht somit eine Nutzenschuldung. Dieser Partner wird in demselben Bereich beim nächsten Konflikt mehr Einfluss haben (Kirchler, Walenta, Hölzl 2007, S. 204). Ob die Partner gleich zu Beginn hohe Anforderungen stellen und sich entweder schrittweise entgegenkommen oder gleich auf ihrer Forderung beharren, wird ebenfalls an den vorangegangenen Ereignissen festgemacht. (Kirchler, Walenta, Hölzl 2007, S. 212).

4 Erklärungsansätze

Allgemein erweist sich Familie als ein äußert schwieriges Forschungsobjekt. Im Schutz der eigenen vier Wände und abgeschottet von der Öffentlichkeit, entfalten sich enge Beziehungen. Die Familienmitglieder haben im Zusammenleben eine gemeinsame Sprache entwickelt, die für Außenstehende nur schwer zugänglich ist. Außerdem kann durch neugieriges Fragen oder unsensible Beobachtungen dieses Forschungsobjekt ungewollt zerstört werden. Da Beobachtungsmethoden und Fragebogentechniken zur Verzerrung von Studien führen können, wird allgemein in diesem Bereich das Tagebuchverfahren empfohlen (Kirchler, Walenta, Hölzl 2007, S. 187). Um Entscheidungsprozesse zu analysieren, entwickelten Forscher ihre eigenen Methoden. Nachfolgend werden verschiedene Herangehensweisen vorgestellt.

Taktiken

Um herauszufinden, welche Taktiken Familienmitglieder an den Tag legen, um sich bei Kaufentscheidungen durchzusetzen, wurde im Rahmen eines Forschungsprojekts an der Universität in Wien versucht, eine Taxonomie von Taktiken zu klassifizieren. Das Resultat ergab insgesamt 18 Strategien, die in vier übergeordnete Taktiken zusammengefasst wurden. Zum Einen waren dies Taktiken zur Konfliktvermeidung, bei denen von vornherein Partner für bestimmte Themenbereiche die Aufgaben, Verantwortung und Kontrolle übernehmen, zum Anderen Verhandlungsstrategien, bei denen die Familienmitglieder darauf bedacht sind, die beste Lösung in Sach- und Wertkonflikten zu finden. Im Gegensatz zu den Problemlösungstaktiken, die einen Konflikt durch sachliche Argumentation beilegen, geht es bei Persuationstaktiken darum, das eigene Interesse durch Nörgeln, Zwang oder Drohungen durchzusetzen.

Balkenwaagen-Modell

Brandstätter, Stocker-Kreichgauer und Firchau untersuchten, wie durch sachliche Argumentation die Partner bewegt werden, ihren Standpunkt zu ändern. Das Ergebnis der Autoren ist das Balkenwaagen-Modell, in dem veranschaulicht wird, wie sich die Einstellung einer Person schrittweise in einem Diskussionsprozess verändert. Zum Zeitpunkt des Konfliktbeginns hat die Person durch bereits verarbeitete Informationen eine bestimmte Anfangseinstellung. Im Verlauf der Diskussion kann sich die Anfangseinstellung Richtung des eigenen Standpunktes oder der gegenteiligen Meinung verschieben, je nachdem wie stark die Anfangseinstellung war und welche Argumente hinzukommen (Kirchler, Walenta, Hölzl 2007, S. 207 ff.).

Konzept des Familienlebenszyklusses

Aus dem Bereich der Soziologie stammt ein Konzept, welches sich mit dem Lebenslauf von Menschen befasst und diesen in Phasen wie Kindheit, Jugend, Ehe, etc. unterteilt. Der so genannte Lebenszyklus wurde von Haushalts- und Familienforscher aufgegriffen und zu einem neuen Konzept, dem Familienlebenszyklus, erweitert. Demnach wird der Verlauf von Familien in fünf Phasen eingeteilt, die sich im Wesentlichen durch Bestimmungsfaktoren wie Bedarf, Einkommen, Vermögen und Rollenverteilung unterscheiden.

Phase I beschreibt ein kinderloses, jungverheiratetes Ehepaar. Dies ändert sich in Phase II durch die Geburt des ersten Kindes. Phase III schildert das Heranwachsen der Kinder, welche in Phase IV in das Berufsleben einsteigen. Phase V beinhaltet das altverheiratete Ehepaar, bei dem die Kinder nicht mehr im Haushalt leben. Demzufolge ändert sich auch in jedem Stadium die Konsumstruktur der Familie. Zwar nimmt der Anteil der gemeinsamen Entscheidungsfindung im Verlauf des Familienlebenszyklusses ab, allerdings ist zu vermuten, dass dies auf die habitualisierten Verhaltensweisen zurückzuführen ist (Meyer, Bohr 1988, S. 143). In diesem Modell wird beschrieben, dass in Phase II die Mutter das Berufsleben verlässt und erst mit Schuleintritt des Kindes wieder eine Erwerbstätigkeit ausübt. Diese Phase ist gekennzeichnet durch finanzielle Abhängigkeit der Frau vom Mann und geht mit einem Verlust des Entscheidungseinflusses einher. Ob dieses Modell heute noch so tragbar ist, ist fraglich. Wie der demographische Wandel zeigt, hat sich die Einstellung der Paare und vor allem die der Frau deutlich verändert. So ist generell ein Geburtenrückgang zu verzeichnen, da die Familiengründung zugunsten einer Karriere abgelehnt wird. Außerdem steigen Frauen nach der Geburt eines Kindes wieder relativ schnell in ihr Berufsleben ein. Weiterhin ist mit der Möglichkeit des Vaterschaftsurlaubs, den es früher nicht gab, ebenfalls ein Wandel von gesellschaftlichen Normen eingetreten.

5 Fazit

In der vorliegenden Ausarbeitung wurde verdeutlicht, dass das Konsumverhalten von Familien ein ganzheitliches Phänomen ist, welches sich wie ein Puzzle aus einzelnen kleinen Bausteinen zusammensetzt. Dabei verfolgen Partner mit ihrem Verhalten gleichzeitig mehrere Ziele (Kirchler, Walenta, Hölzl 2007, S. 213). Das Endbild ergibt dann das Konsummuster, welches für den Betrachter ersichtlich ist. Doch wie diese Konstruktion zustande kommt, ist nur schwer zu analysieren, denn die einzelnen Puzzleteilchen bestehen aus internen und externen Variablen, die nicht isoliert betrachtet werden können. Diese sind soziodemographische, persönlichkeitsbezogene und familienstrukturelle sowie kulturkreis- und umfeldbezogene Merkmale (Meyer, Bohr 1988, S. 149). Hinzu kommen Determinanten des Entscheidungskontextes, wie finanzielle und nicht-finanzielle Entscheidungen, Güterkategorie und Kaufarten, Erfahrung, Sachkenntnis und Interesse. Demnach ist Konsumverhalten das Ergebnis eines Prozesses, der im Allgemeinen mit einer Wunschäußerung beginnt, aber durch andere Ereignisse unterbrochen oder beeinflusst wird und sich somit in die Länge zieht (Kirchler, Walenta, Hölzl 2007, S. 202). Wie letzten Endes das Ergebnis des Kaufentscheidungsprozesses ausfällt und wie die Personen mit Konfliktsituationen umgehen, ist also offen und wird durch die oben genannten Einflussfaktoren bestimmt.

Zusätzlich muss hierbei beachtet werden, dass Stresssituationen im Alltag auftreten und gegebenenfalls andere Reaktionen der Haushaltsmitglieder hervorrufen. Nicht nur aus diesem Grund erweist sich dieses Feld für die Forscher als außerordentlich schwierig, sondern auch weil die Haushaltsmitglieder im Schutze der Privatsphäre und abgeschottet vom Umfeld agieren (Kirchler, Walenta, Hölzl 2007, S. 187). Die Forscher müssen also bei der Befragung auf die Korrektheit der Probanden vertrauen (Kirchler, Walenta, Hölzl 2007, S. 197). Dennoch haben sich viele Wissenschaftler aus unterschiedlichen Bereichen mit Konsumverhalten auseinandergesetzt und dazu Untersuchungen vorgenommen. In den Studien wurden Verhaltensmodelle entwickelt, die versuchen zum Verständnis beizutragen. Allerdings sind die Studien nicht repräsentativ und sollen auch kein Paradigma darstellen. Familien unterliegen einer dynamischen gesellschaftlichen und familiären Entwicklung und sind keine sozialen Stereotypen. Allerdings lässt sich ein Trend von der patriarchalischen Familie hin zur partnerschaftlichen erkennen (Meyer, Bohr 1988, S. 122). Die traditionellen Normen und die vormals getrennten Aufgabenbereiche gibt es also in der Form, wie es früher war, nicht mehr (Kirchler, Walenta, Hölzl 2007, S. 193).

Weiterhin hat der Wandel der Wertehaltung in der Gesellschaft und die Veränderung im Lebenszyklus, die mit einer veränderten Bedarfsstruktur einhergehen, großen Einfluss (Meyer, Bohr 1988, S. 150).

Literaturverzeichnis

Meyer, Hans; Bohr, Werner (1988): Familie und Konsumentenverhalten. In: Jahrbuch für Absatz- und Verbrauchsforschung : Jahrgang 34. Heft 2: S. 120- 153.

Kirchler, Erich; Walenta, Christa, Hölzl, Erik (2007): Ökonomische Entscheidungen in Mehrpersonenhaushalten. In: Rosenstiel, Lutz. v.; Frey, D. (Hg) Marktpsychologie. Band 5 der Enzyklopädie der Psychologie. Bern: Hogrefe.